AF438279

LA
QUESTION SOCIALE

PAR

M. LE COMTE ALBERT DE MUN

DÉPUTÉ DU MORBIHAN

PARIS

AU SECRÉTARIAT

DE L'ŒUVRE DES CERCLES CATHOLIQUES D'OUVRIERS

10, RUE DU BAC, 10

1877

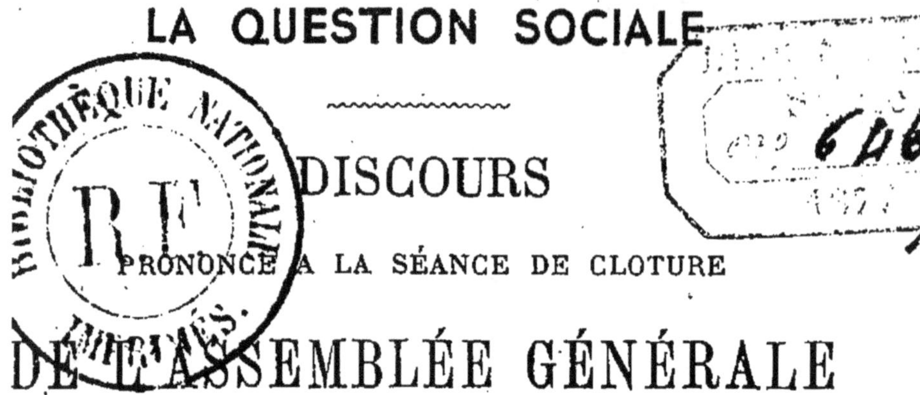

LA QUESTION SOCIALE

DISCOURS

PRONONCÉ A LA SÉANCE DE CLOTURE

DE L'ASSEMBLÉE GÉNÉRALE

des Membres de l'Œuvre des Cercles Catholiques
d'Ouvriers

Le 2 juin 1877

PAR LE COMTE ALBERT DE MUN

DÉPUTÉ DU MORBIHAN

MONSEIGNEUR [1], MESSIEURS,

Quand, au quatrième siècle, les païens, enhardis
par les dangers qui menaçaient l'Empire, accusaient
les chrétiens, pour les perdre dans l'esprit du peuple, d'en être responsables, et qu'un rhéteur fameux [2]
venait, dans un langage passionné, les dénoncer aux
pouvoirs publics, un grand Evêque élevant la voix à
son tour, vengea, du même coup, dans une lettre
indignée, leur Dieu méconnu et leur patriotisme

1 S. E. Mgr le cardinal Guibert, archevêque de Paris.
2. Symmaque, préfet de Rome.

outragé ; et la postérité ajoutant à tant d'autres ce titre de gloire, garde à Saint Ambroise une immortelle admiration, parce que, suivant la parole de son historien, « il a porté, sans faiblir, le témoignage de Jésus-Christ devant les rois irrités. » (*Applaudissements.*) Après quatorze siècles écoulés, le paganisme moderne a retrouvé, pour nous flétrir, le langage du rhéteur de Rome ; mais Dieu réservait aux chrétiens pour cette douloureuse épreuve l'éloquence et le courage d'un nouvel Ambroise. (*Bravos et double salve d'applaudissements.*)

Vos regards, Messieurs, m'ont dicté ce témoignage, et j'étais sûr d'aller au-devant de vos pensées, en le plaçant au premier mot de ce discours comme une satisfaction pour nos cœurs, et comme une légitime protestation de nos consciences. (*Vifs applaudissements.*)

Quelle parole, d'ailleurs, pouvait mieux convenir à la circonstance qui nous rassemble, que ce mouvement spontané de nos âmes, où éclate, à la fois, dans la résistance aux ennemis de l'Église, l'étroite union des fidèles et de leurs pasteurs, et l'alliance éternelle de la foi religieuse avec la foi patriotique. (*Applaudissements.*)

Notre Œuvre, Messieurs, porte ce triple caractère, et c'est pourquoi nous avons le droit de dire qu'elle est proprement l'Œuvre sociale qui convient à notre temps ; l'Œuvre sociale, je répète ce mot qui s'est rencontré si souvent sur nos lèvres au cours de cette assemblée, et qu'il ne faut pas nous lasser de redire. Notre Œuvre n'est pas une œuvre ouvrière ; elle n'est pas une œuvre de moralisation, elle n'est pas une œuvre de charité ; ou plutôt elle est à la fois tout cela : elle est une Œuvre sociale.

Voilà l'enseignement que nous devons emporter de cette assemblée générale. Chaque année cette rencontre solennelle entre des hommes venus de toutes les extrémités de la France, laisse dans nos cœurs un souvenir particulier qui marque dans notre Œuvre un progrès nouveau et qui nous oblige à faire un pas de plus en avant : la nette affirmation de ce caractère social de notre Œuvre, et la résolution de le manifester énergiquement, tels seront les fruits de nos entretiens de cette année.

Si nous jetons aujourd'hui, Messieurs, comme c'est une disposition naturelle de nos esprits, dans cette réunion périodique qui marque un point de partage entre le passé et l'avenir, si nous jetons un regard vers les années écoulées, et sur le chemin parcouru, jamais nous n'aurons trouvé dans ce rapide examen un plus grand sujet d'admirer les desseins de la Providence, et de prendre confiance dans les destinées qui nous sont réservées.

Il en est bien peu, parmi vous, Messieurs, qui aient gardé la mémoire de notre première assemblée, moins encore qui aient assisté aux premiers pas de notre Œuvre et à ces travaux de la première heure, si doux et si rudes à la fois, dont le bruit se perdait dans l'écho des grandes catastrophes sous lesquelles la France succombait. Pour nous, ouvriers de cette première heure, il y a, de ces souvenirs, au fond de nos cœurs, une trace ineffaçable et cette enfance de notre Œuvre nous apparaît comme au père de famille, les mille et touchants détails du temps où il aidait à se tenir debout, ce grand fils qui s'avance aujourd'hui, dans la vie, plein de force et d'honneur. (*Applaudissements.*)

Douce émotion de la première victoire et de cette journée qui nous parut si grande, ou deux cents personnes, recrutées à grand'peine, parmi les complaisants, les amis et les curieux venaient au sommet de la colline de Belleville apporter, comme une aumône, à l'inauguration de notre premier Cercle, leur attention distraite, secours inattendus de la Providence reçus avec transport comme le gage espéré de notre confiante témérité, souvenirs bien-aimés des temps héroïques de notre courte histoire, je vous salue d'un cœur attendri ! Depuis, nous avons vu la foule se presser sur le passage de notre bannière, nous avons donné de grands spectacles et connu des enthousiasmes sans nom ! jamais nous n'avons rien vu qui fît éclater plus manifestement à nos yeux la volonté de Dieu sur notre Œuvre, que cette humble réunion d'hommes rassemblés en dépit de tous les obstacles, pour entendre la profession de foi de quelques soldats ignorés, qui venaient déployer l'étendard de la croix, comme un signe de salut et de réparation, sur la colline ensanglantée par le crime. (*Applaudissements.*)

De là, comme au souffle du vent l'incendie s'élève d'une étincelle, notre Œuvre a grandi, emportée par la grâce de Dieu, malgré la volonté des hommes, se montrant partout, et partout plantant son drapeau, recueillant tour à tour les applaudissements, les murmures ou les outrages, à peine suivie par ses serviteurs qu'elle entraîne tout haletants derrière elle, mal comprise encore de la foule qui l'entend et la regarde, mais paraissant cependant à tous comme une force qui grandit et qui compte, que les uns saluent comme une espérance et que les autres dénoncent comme un danger. Et voici qu'aujourd'hui, après cinq ans de travail et de luttes, forts de nos trois cents associations répandues par toute la France, de la discipline qui les unit et de la foi qui les anime, nous avons le droit de répéter avec confiance le nom de cette Œuvre, née dans l'obscurité et de proclamer qu'elle est, dans notre temps, l'Œuvre sociale par excellence.

D'où vient donc que notre confiance est si grande ?

d'où vient que, dans la société troublée, notre Œuvre nous apparaît, comme dans une mer tourmentée, la bouée qui marque la place où l'ancre s'est enfoncée? d'où vient que nous ne demandons pas seulement l'encouragement et la sympathie, mais que nous nous croyons assez forts pour être le salut?

Ah! c'est que nous ne sommes pas seulement les serviteurs d'une œuvre: nous sommes les soldats d'une idée! C'est que, dès le premier jour, cette idée était au fond de nos cœurs et s'en était emparée pour nous précipiter au combat; idée que, peut-être, nous n'aurions pas su définir mais qui, cependant, avait éclaté dans notre premier cri, qui nous accompagnait sur la colline de Belleville, et qui, depuis, ne nous a abandonnés ni un jour ni une heure, qui a rempli notre vie, jusqu'à n'y laisser place pour aucune autre pensée, et qui a illuminé notre route d'un éclat toujours nouveau: cette idée, c'est la contre-révolution faite au nom du Syllabus! (*Salve d'applaudissements.*)

C'est elle encore qui m'anime aujourd'hui, que je lis sur vos visages et au nom de laquelle je vous parle: c'est elle qu'il s'agit ici de proclamer définitivement et qui fait de notre Œuvre une arme providentielle dans la lutte engagée pour résoudre la question sociale! Car il y a une question qui divise la société moderne et la tient en suspens, une question de vie ou de mort à laquelle est attachée l'existence même de la nation et qui ne se peut trancher que par un combat décisif où il n'y a plus de place pour les compromis et les vains accommodements : vous n'en doutez pas, et vous voulez appeler par son nom ce redoutable problème.

Qu'est-ce donc que la question sociale ? Est-ce le différend qui met en présence les partis politiques ? Est-ce l'émeute sanglante qui soulève le peuple en révolte ? Est-ce la grève sauvage qui arme l'ouvrier contre le patron ? Est-ce le désordre économique qui trouble les conditions du travail ? Est-ce le tumulte des revendications violentes qui s'élève des couches inférieures de la société ? Tout cela est dans la question sociale, mais ce n'est pas là qu'elle est. Elle est plus haute, plus profonde et plus nettement tranchée. Ce qui se révèle au dehors par ces éclats sinistres, ce qui se manifeste au grand jour par ces grandes scènes de désordre, par ces agitations qui divisent les cœurs et qui creusent des abîmes, c'est la lutte entre le catholicisme et la révolution. Voilà où est la question sociale. (*Vifs applaudissements.*)

La révolution, Messieurs, je ne veux pas dire tel ou tel accident de la fortune des peuples, mais cette doctrine funeste qui trouve dans le cœur de l'homme des racines aussi anciennes que lui-même, parce qu'elle s'appuie sur son orgueil, doctrine de révolte et de négation, qui s'attaque au droit et à l'autorité et qui les remplace par la force et par le nombre : c'est là qu'est la révolution, bien plutôt que dans les tempêtes qui viennent, à certains jours, bouleverser notre société. Après avoir conquis, par des assauts violents et multipliés, le sol de la France, elle y a tout envahi, l'esprit d'abord et les pensées de la multitude, empruntant pour mieux séduire les hommes les visages les plus divers et se faisant, pour plaire, douce et souriante. La voyant pacifique, les hommes ont cru qu'ils l'avaient domptée, et, tandis qu'ils s'apprêtaient à lui donner des chaînes, ils se laissaient eux-mêmes attacher à son char et traîner derrière elle. (*Applaudissements.*)

Alors les violences ont disparu et le calme s'est fait à la surface : mais il s'est établi dans la société un compromis inavoué entre l'orgueil et la lâcheté des hommes, entre la révolte et la peur, où le droit a disparu, où la justice n'a plus été qu'un mot, et où nul n'a plus su distinguer le bien d'avec le mal, et l'erreur d'avec la vérité : ainsi livrée, sans boussole et sans guide, au hasard des passions et semblable au navire désemparé qui erre au gré de la tempête, la société moderne s'agite en vain, pour trouver un repos qu'elle ne rencontre jamais, et si l'Église, dans sa mission divine, essaye de l'arrêter et de lui rendre la paix, elle se détourne d'elle, répétant, tout éperdue dans le doute qui l'obsède, la parole de Pilate : Qu'est-ce que la vérité ? Et à ce cri qui s'élève de toutes parts, personne ne peut répondre, parce que la révolution, cette maîtresse d'erreur, est là, confondant les esprits, et troublant les intelligences jusqu'au point de détruire les notions les plus ordinaires du droit et de la justice. (*Applaudissements.*)

Et, alors, faut-il s'étonner qu'à certains jours il s'élève au-dessus de cette mer de désordre de terribles orages, et que ces hommes trompés ne sachant plus même reconnaître le crime, apportent à la conquête d'un bien qu'ils croient légitime toute l'énergie de leur passion brutale ? Voilà où mène la révolution, et c'est son effet logique et nécessaire.

Or, en face de cette redoutable puissance qui s'est emparée du monde tout entier, qui tantôt captive par un prestige séducteur, et tantôt domine par un despotisme écrasant, en face de cette puissance de la révolution, qu'y a-t-il qui puisse tenir tête et quelle est la force capable de résister ? Je vous le demande, dans votre conscience, au nom des intérêts qui vous sont les plus chers, au nom du salut de la société à laquelle vous appartenez, dites-moi si vous apercevez quelque point d'appui qui vous paraisse solide, hors du catholicisme ?

Ah ! c'est qu'au milieu du désordre universel, seuls, les catholiques ont des principes nets et définis ; seuls, ils puisent à des sources certaines cette distinction du bien et du mal que les autres sont impuissants à trouver ; et seuls, ils apprennent d'un enseignement infaillible ce qui est juste et ce qui est injuste, ce qui est le droit et ce qui ne l'est pas, ce qui est l'erreur et ce qui est la vérité ! Seuls, enfin, ils peuvent assurer à l'autorité le respect qu'elle mérite parce qu'ils en découvrent en Dieu la source légitime, et dans la loi divine la règle fondamentale, hors de laquelle il n'y a place que pour l'arbitraire ou pour la violence. A cette lumière de la foi, la route leur apparaît clairement tracée au milieu des difficultés de la vie, et, certains de ne pas se tromper, ils vont droit au but où Dieu les conduit et où les appellent leurs destinées éternelles.

Seuls, ainsi, les catholiques sont aujourd'hui capables de prendre d'une main ferme le gouvernail de la société et de la conduire au port à travers les tempêtes soulevées par l'esprit moderne. (*Applaudissements.*)

Aussi, connaissant cette force redoutable, la révolution, près de consommer son œuvre, s'attaque à la religion avec une fureur nouvelle, et voilà pourquoi la guerre au catholicisme est son dernier mot, comme il a été le premier ; voilà pourquoi nos adversaires sont obligés de creuser eux-mêmes un abîme entre eux et les catholiques, et pourquoi, après avoir épuisé tous les subterfuges, et pris tous les masques, il faut enfin qu'ils en viennent, pour livrer un suprême et dernier combat, à nous montrer franchement du doigt et à dire : « Voilà l'ennemi ! » (*Bravos, applaudissements répétés.*) C'est qu'ils savent bien que tant qu'ils n'auront pas définitivement renversé cette barrière qui s'élève entre l'homme et ses passions, ils n'auront pas son âme, et c'est son âme qu'il leur faut pour le jeter lui-même dans cette fournaise révolutionnaire, dont ils sont les infatigables pourvoyeurs. (*Applaudissements.*)

Et voilà aussi, Messieurs, pourquoi, par un privilége qui est leur titre d'honneur, les catholiques sont les premiers debout, partout où il s'agit de combattre pour la défense de l'ordre social. (*Applaudissements.*) Quand un pareil combat s'engage, il est superflu de leur demander quelle place ils choisiront ; leur métier est d'être à l'avant-garde et de tenir leur drapeau sur la brèche : ils y étaient avant qu'on ne les y appelât ; ils y restent, et quand on y vient, on est assuré de les rencontrer au premier rang, tenant déjà dans leurs mains l'étendard de la contre-révolution ! (*Salve d'applaudissements.*)

Mais ce n'est pas assez d'être résolus à livrer bataille pour la conservation sociale ; ce n'est pas assez d'être les plus déterminés lutteurs contre les entreprises révolutionnaires : nous avons dans le monde une autre mission et d'autres devoirs à remplir. Non contents de résister et de nous défendre, nous devons conquérir ; et, prenant l'offensive, opposer à cette doctrine qui s'avance contre nous, non-seulement une digue, mais l'invasion de notre propre doctrine, et c'est à cette tâche que je viens vous appeler.

Ici, Messieurs, nous avons un rôle particulier parce que nous sommes parmi les catholiques et dans la société civile la seule force vraiment et solidement organisée. A ce titre, nous avons des devoirs que nous ne pouvons pas méconnaître : devoirs d'action, de propagande et, en quelque sorte, de conquête. On nous dira peut-être que l'heure n'est pas propice pour la pointe hardie d'une avant-garde et qu'au lendemain de l'échec inattendu subi par la révolution, alors que l'espérance renaît dans tous les cœurs, il convient d'attendre les événements et de réserver notre action. Mais j'ai lu qu'un jour le général Bonaparte recevant les commissaires du roi de Sardaigne venus pour traiter de la paix, regardait attentivement l'heure qui s'avançait et disait aux négociateurs : Dans une heure, si vous n'avez pas signé, l'attaque recommencera ; et comme on se récriait, lui disant qu'il n'avait rien à craindre : « Il pourra m'arriver, répondit-il, de perdre des batailles, mais il ne m'arrivera jamais de

perdre des minutes par confiance ou par paresse. »
Eh bien! Messieurs, nous aussi, nous pouvons
perdre des batailles : mais nous n'avons pas de
minutes à perdre, ni par confiance ni par paresse.
(*Applaudissements.*) Et c'est pourquoi je viens
vous dire : En avant !

Or, cette campagne que je vous propose, se ré-
sume dans un point principal, que, jusqu'ici, em-
portés que nous étions par le travail pratique de la
fondation de nos Cercles, nous avons trop négligé,
je veux parler de l'enseignement doctrinal, en ce
qui touche les questions sociales. Ce n'est pas assez,
en effet, de professer des principes, et de les proclamer comme notre règle de foi ; ces principes ont,
dans la vie des sociétés, des applications déter-
minées qui doivent, en pénétrant les mœurs, se
formuler un jour, et c'est notre espérance, par des
lois et par des institutions. C'est la conséquence
nécessaire et comme la mise en pratique de la doctrine catholique qui règle, non-seulement les devoirs
des individus, mais le devoir des états et les rap-
ports des hommes avec les hommes. Cette doctrine,
la connaissons-nous assez et, la connaissant, la pro-
pageons-nous assez activement ? Je ne le crois pas ; et
de là, un double travail à faire : le premier, sur nous-
mêmes, que j'appellerai, si vous voulez, la formation
des hommes. Il faut en effet, Messieurs, nous former
nous-mêmes, et former avec nous ceux qui entrent

dans nos rangs, et d'abord cette jeune génération qui nous suit, attirée par l'ardeur de nos cœurs et par l'enthousiasme de nos âmes, et retenue par la discipline et par la fermeté de notre organisation. Cette organisation est une force que Dieu nous a donnée, dont nous lui devons compte, et qui doit nous servir à préparer pour la patrie des serviteurs éprouvés. Il ne faut pas que la victoire sur laquelle nous comptons, que nous espérons comme une délivrance, et qui doit arracher notre pays au joug de la révolution, il ne faut pas que cette victoire nous trouve dépourvus et inférieurs à notre tâche ; il faut au contraire que nous sachions clairement où doivent aboutir les principes catholiques que nous professons, et que nous soyons prêts à en faire l'application : nous n'y parviendrons que par un travail assidu, entrepris à la lumière de la foi et sous la garde de l'Église : mais, par là, nous y parviendrons sûrement et le pays verra bientôt avec espérance se lever de toutes parts une pépinière d'hommes, qui mettront à son service, avec l'infatigable dévouement puisé dans le sentiment de l'abnégation chrétienne, la fermeté du caractère qui vient de la netteté des principes et la droiture du jugement qui découle naturellement de la vraie doctrine.

A côté de ce travail intime et de cette formation des hommes, il y en a un autre non moins urgent et qui doit en être l'accompagnement : c'est la propagande extérieure, non point la propagande de notre Œuvre proprement dite, mais la propagande contre-révolutionnaire. Ici, Messieurs, nous sommes en face d'une nécessité absolue, qui s'impose à tous les esprits et qui n'a pas besoin d'être démontrée, parce qu'elle éclate à tous les yeux. Chaque jour, dans toutes les villes, et dans toutes les parties de la France, la révolution étale avec impudence l'apologie de ses doctrines et jusqu'à la glorification de ses crimes. Cette propagande audacieuse est faite par des hommes publics dont le rang prête à leur apostolat une force et une autorité singulières, et elle met à son service tous les moyens d'action les plus actifs, la presse, les publications colportées de toutes parts et les conférences reproduites à profusion. Que faisons-nous pour lutter contre un pareil envahissement? Assurément peu de chose et, sans méconnaître cependant les efforts entrepris, nous pouvons dire que sur ce point encore, nous sommes au-dessous de notre mission ; il y a donc là un vaste mouvement de propagande à commencer et à soutenir et il ne doit pas être dit que la doctrine révolutionnaire puisse librement se répandre de toutes parts, dénaturer l'histoire, flétrir les plus purs souvenirs de la patrie, calomnier l'Église et détourner d'elle cette nation sortie de ses mains, sans qu'il s'élève, de nos rangs, je ne dis pas seule

ment une protestation indignée de nos cœurs, mais
mieux encore, un gigantesque effort de nos intelligences et de notre volonté pour combattre par un
enseignement infatigable la détestable propagande
qui achève de corrompre le pays.

Ainsi, étudier et répandre la vérité sociale, telle
est la double mission qui s'impose à nous désor-
mais, comme le couronnement obligé de notre
Œuvre et qui marque aujourd'hui le développe-
ment naturel et prévu qu'on a le droit d'attendre
d'elle. A ce prix nous mériterons la confiance
que nous réclamons, et nous justifierons les espé-
rances qu'ont fait naître nos premiers efforts : car
ce n'est qu'en abordant résolûment ce terrain de
la lutte sociale et en engageant le combat corps à
corps avec la doctrine révolutionnaire que nous
tiendrons les promesses de notre origine, et que
nous ouvrirons, pour la patrie, l'ère de salut dont
nous voulons être les précurseurs.

Je n'ignore pas que la tâche est lourde, et que
nous entreprenons une œuvre de géants : car nous
entrons en guerre contre toutes les passions hu-
maines, et nous prétendons lutter contre des
adversaires qui, pour séduire les hommes, leur
offrent, au contraire, ces passions elles-mêmes
comme autant de richesses dont ils peuvent dis-
poser à leur gré. Assurément, la lutte n'est pas
égale, et, si nous n'avions pour la soutenir que

nos propres forces, notre défaite serait assurée ; mais Dieu est avec nous, et, par lui, nous vaincrons tôt ou tard, parce qu'il est le maître du monde et qu'il dispose en dernier ressort de la destinée des nations ! La lutte sera longue, et nul de nous ne se berce du chimérique espoir de rétablir, en un jour, un ordre social si profondément et si anciennement troublé : la forteresse révolutionnaire ne sera pas enlevée par la surprise d'un assaut impétueux, mais par le travail persévérant d'un siége prolongé. Mais qu'importe le temps pour une volonté ferme, mise au service d'un devoir évident ?

Le général Grant, qui fut depuis Président des États-Unis d'Amérique, étant occupé, pendant la guerre de la sécession, au siége de Wicksburg, fit un jour la rencontre d'une femme qui lui demanda combien de temps il resterait devant la ville, et il lui répondit simplement : « J'y resterai trente ans, mais je la prendrai ! » A ceux qui voudraient ébranler notre courage en nous apprenant à désespérer de vaincre jamais la révolution, nous répondrons à notre tour : « Nous y mettrons notre vie entière, nous y userons nos forces, nous y perdrons tout notre sang, mais nous en viendrons à bout ! » (*Applaudissements.*)

D'ailleurs, Messieurs, pour vous aider dans cette lutte, vous ne manquerez pas d'occasions qui soutiendront votre courage. L'Œuvre se plaît à les faire naître sous les pas de ses serviteurs et à multiplier pour eux ces belles réunions où tous ses membres se rassemblent comme s'ils faisaient partie d'une seule famille, pour se compter et se fortifier entre eux. Chaque année, nous avons coutume de nous rencontrer au pied de quelque sanctuaire consacré, dans une double pensée de prière et d'affirmation, pour manifester notre foi et pour demander à Dieu la grâce qui fait la force des chrétiens. Cette année, Messieurs, nous avons compris que l'heure était d'une solennité particulière et qu'il convenait de nous armer pour le grand effort que nous allons entreprendre, d'un secours spécial et surnaturel. C'est pourquoi vous avez voulu qu'à l'époque ordinairement réservée pour les pèlerinages de chaque région, l'Œuvre se réunît tout entière avec toutes ses bannières, à Notre-Dame de Lourdes.

Supposez donc, Messieurs, que vous y êtes déjà et que vous voilà en face de cette admirable nature et de ce ciel incomparable faits tout exprès par Dieu pour servir de cadre à l'éclatante manifestation de sa toute-puissance, que de toute éternité il réservait à notre temps. Supposez que vous voyez au flanc de la montagne, descendre en serpentant, pour se rendre vers la grotte, la longue troupe des pèlerins de notre Œuvre, marchant en bel ordre et déployant au grand jour leurs trois cents bannières qui portent toutes, sur des couleurs semblables, le même signe, et la même devise! Et maintenant, regardez avec moi, là, au pied du rocher, ce torrent qui roule ses eaux et se tord en rugissant : chaque jour l'œuvre de Dieu a gagné du terrain sur lui, et à mesure que le miracle s'avance, il recule un peu, son lit se rétrécit et il devient plus furieux, en même temps qu'il est plus impuissant. Messieurs, c'est l'image de notre Œuvre (*vifs applaudissements*), et pendant que ces bannières qui serpentent, là-haut, iront porter aux pieds de la Vierge Marie le tribut de vos prières, vous songerez qu'à chaque pas que vous faites en avant, le torrent révolutionnaire recule devant vous, se resserre dans son lit, rugit furieusement, mais perd, du même coup, un peu de sa puissance dont vous héritez aussitôt à sa place. (*Applaudissements prolongés.*)

Messieurs, Lourdes, c'est, par excellence, le pèlerinage de la contre-révolution parce que c'est l'expression même de l'œuvre sociale que nous avons à faire.

Lourdes! c'est d'abord le miracle qui éclate au grand jour, frappant, irrécusable, acclamé par toute une contrée, bientôt par toute la France et le lendemain par le monde ; c'est le miracle qui se dresse couronné de gloire en face du siècle de l'impiété, où la raison couronnée jette au surnaturel un insolent défi ; c'est la Mère de Dieu qui vient attester la divinité et l'action permanente de son Fils, au cœur même de la nation qui la nie, et c'est ainsi l'éclatante réfutation de ce détestable naturalisme dont se meurt la société moderne !

Lourdes ! c'est l'Immaculée Conception, c'est-à-dire, dans l'affirmation même, tombée des lèvres de la Vierge, de sa pureté sans tache, la condamnation solennelle de cette erreur capitale de la révolution qui, refusant de croire à la déchéance originelle de l'homme, ouvrit à son orgueil le chemin de toutes es ambitions ! Et il semble que l'Église, en proclamant que jamais l'ombre du péché n'a touché la Vierge Marie, ait voulu rappeler aux générations sorties de la révolte de 1789 que les enfants des hommes sont des créatures flétries par la faute de leur premier père, et qu'ainsi leur salut ne peut venir que du Dieu qui les a rachetés. (*Applaudissements.*)

Lourdes ! c'est aussi la céleste confirmation du dogme proclamé par le Pape, agissant comme docteur de la vérité et parlant au nom de l'Église, sans le secours du concile assemblé, et c'est ainsi, dans ce grand souvenir, la préface éloquente de cet autre dogme de l'infaillibilité pontificale qui soulève aujourd'hui toutes les colères de la révolution atteinte au cœur par ce grand triomphe de l'Église catholique. (*Salve d'applaudissements.*)

Lourdes! enfin, c'est la Sainte Vierge qui descend encore une fois sur la terre de France et qui lui tend la main, comme à sa fille préférée, pour l'inviter à renouveler le pacte formé jadis dans une consécration qu'elle ne veut pas oublier!

Ainsi, Messieurs, nous trouverons à Lourdes la contre-révolution mise en œuvre, la doctrine catholique éclatant au grand jour et la France consolée, et, par-dessus tout cela, la grande figure de notre bien-aimé Pie IX, Pie IX que vous ne me pardonneriez pas d'oublier à la veille de ce jour où le monde, transporté d'admiration, va célébrer l'étonnante victoire remportée sur le temps par le Vicaire de Jésus-Christ, Pie IX, qui confirmait hier à notre Œuvre, accourue près de lui, le surnom glorieux qu'il lui donnait, il y a deux ans, en sorte que notre pèlerinage de Lourdes sera la revue d'honneur de l'armée de Dieu passée par la Reine du Ciel et de la France en face du successeur de saint Pierre. (*Vifs applaudissements.*)

Soutenus par ces grands spectacles qui enflamment nos cœurs en fortifiant nos âmes, nous marcherons droit à notre but, sans faiblesse et sans hésitation, sourds aux clameurs de nos adversaires, comme aux conseils de la timidité. Les uns et les autres ne nous feront pas défaut, et le second péril est, à mes yeux, plus redoutable encore que le premier; c'est contre lui, surtout, qu'il faut nous mettre en garde. La prudence est une vertu qui convient au courage et à la force ; elle règle l'action et la tempère, mais elle agit. La timidité est une faiblesse qui engendre la peur ; elle suspend l'action et bat en retraite. Soyons prudents et sages ! mais ne soyons pas timides. On multipliera autour de nous les objections, on nous dira que nous risquons de tout perdre, que le mieux est l'ennemi du bien, que, sans doute, il serait à désirer que les choses allassent autrement, mais qu'à tout prendre mieux vaut encore cet état imparfait qu'une lutte dangereuse dont l'issue n'est pas certaine ; on nous dira surtout que nous compromettons la religion en voulant la servir et que c'est une maladresse de prétendre la mêler à toutes choses et surtout aux questions sociales.... « Ce n'est pas là sa place et nous l'exposons à de déplorables injures en la montrant sur ce terrain..... assurément la société chrétienne est une admirable chose et, même, il est certain que le salut ne saurait être ailleurs.... mais elle est impossible à concilier avec les mœurs modernes, et, dès lors, n'est-il pas plus sage de vivre comme on peut que de risquer, en poursuivant une victoire douteuse, un échec suivi de terribles représailles?... » On nous dira tout cela, on nous l'a déjà dit, on nous le dira encore. C'est l'éternel langage de la faiblesse humaine. La veille de la bataille de Cérisoles, François Ier

avait assemblé les chefs et les principaux de l'armée pour tenir conseil : Montluc était du nombre. Tout le monde avait donné son avis et conclu en faveur de la retraite ; Montluc se contenait avec peine ; quand ce fut son tour de parler, il le fit avec une énergie si grande qu'il toucha le cœur du roi, en lui promettant la victoire et le détermina à livrer bataille : « J'entends, disait-il, que tout autour de moi, on dit : Si nous perdons, si nous perdons, et qu'on examine le grand mal qui en sortira : mais je n'entends pas dire : Si nous gagnons, ni examiner le grand bien qui en adviendra. » Voilà, Messieurs, le langage d'un soldat. Nous aussi examinons un peu plus nos chances de victoire et ce qui doit en sortir ! Or, nous gagnerons, je le répète encore, avec une ferme confiance, parce que Dieu est avec nous, et ce que nous gagnerons, c'est le salut de la France, de la France qui est catholique et qui ne peut pas cesser de l'être, qui ne trouvera son salut que dans ce chemin glorieux où la vieille religion de ses pères l'a portée pendant des siècles, de la France enfin dont le cœur cesserait de battre, si on la séparait de cette Eglise dont elle est la fille ! (*Applaudissements*.) Servir à la fois son Dieu et sa patrie, y a-t-il une cause plus grande, plus noble et plus digne de nous passionner?

Jeunes gens, la pensée de la France me ramène vers vous qui êtes son avenir et son espérance, et c'est vous qui aurez mes dernières paroles. Hier un glorieux vétéran des combats livrés pour le droit et pour la justice [1], vous saluait à cette tribune, d'une parole émue, et s'écriait qu'il ne désespérait point de la patrie, parce que vous êtes là pour la servir ! Je vous salue à mon tour et avec la même confiance ! Mes yeux se sont bien souvent croisés avec les vôtres et j'y ai lu le témoignage de la fermeté de vos âmes. Vous portez au front une marque particulière, et il y a sur vos visages je ne sais quel mélange d'enthousiasme et de gravité, d'ardeur et de réflexion, qui annonce les grandes destinées pour lesquelles Dieu vous garde. Vous n'avez ni la folle gaieté de l'insouciance ni la sombre tristesse du découragement : mais vous entriez dans la vie à l'heure où la France était au seuil de la mort, et pendant qu'on souriait à vos premières années, on pleurait aussi sur les douleurs de la patrie, en sorte que vous avez gardé dans vos yeux, quelque chose de ce rire mêlé de larmes dont parle le poëte ! (*Applaudissements.*)

Ne le regrettez point ! la douleur, mieux que la joie, enfante des héros.

Des héros ! Messieurs, ne repoussez pas cette parole, mais sachez la comprendre : sans doute, l'héroïsme apparaît à la jeunesse comme la plus belle des couronnes, et le sacrifice de la vie, qui en

1. M. le baron de Larcy.

est l'inévitable condition, ne suffit pas à en obscur-
cir les rayons. Jeter sur son nom le reflet d'une
gloire immortelle, en répandant son sang pour une
illustre cause, c'est l'ambition généreuse des cœurs
de vingt ans, et quiconque a rêvé ce glorieux destin
n'a point douté qu'il ne trouvât, le moment venu,
dans son âme, la force d'y satisfaire. Détrompez-
vous, cependant : si vous voulez être un jour dignes
de votre destinée, et, comme parle Lacordaire,
quand la gloire se rencontrera sous vos pas, savoir
la reconnaître et l'appeler par son nom, ce n'est
qu'à la condition d'avoir longtemps à l'avance pré-
paré vos cœurs pour ce combat suprême, par une
lutte continuelle et implacable contre toutes vos
faiblesses ; ce n'est qu'en vous habituant, dans
l'obscurité du travail quotidien, à l'austère exercice
du devoir, que vous saurez un jour l'accomplir sur
de plus grands théâtres, et vous n'aborderez digne-
ment le champ de bataille de la vie, qu'après vous
être rompus en détail dans ce combat journalier, à
la pratique de l'héroïsme. Si vous oubliiez de le
faire, vous jetteriez inévitablement votre jeunesse
au devant de folles aventures où elle perdrait à la
fois sa force et son renom, et la France, qui compte
sur vous, aurait le droit de désespérer, car elle se
souvient de ces jours de deuil où il lui fallait des
héros, et où n'ayant trouvé que des hommes, elle
a failli périr. (*Applaudissements.*)

Je suis revenu, Messieurs, par une pente naturelle, à cette formation des hommes dont la pensée a dominé tout ce discours, comme la principale préoccupation qui doit survivre à notre assemblée. Travaillons donc à former des serviteurs pour la France, par la foi qui éclaire les âmes, par la doctrine qui dirige les intelligences et par le travail qui façonne les caractères, et, sans souci des dangers, des épreuves, et des difficultés que nous rencontrerons sur notre route, sans nous laisser même ébranler par la crainte d'une défaite passagère qui peut nous attendre, marchons en avant le cœur ferme et le regard assuré comme des hommes qui ont fait à la patrie le sacrifice de leur vie tout entière, et qui ont la certitude de travailler pour sa gloire.

Il y a, Messieurs, dans l'antiquité un trait admirable où le dévouement à la patrie éclate dans toute sa force et que je veux vous dire, en terminant, pour en tirer un exemple et un encouragement :

Hérodote rapporte que Sparte et Argos étant en guerre pour la possession d'un lieu important, appelé Thyré, trois cents hommes choisis de part et d'autre, durent, par une convention faite entre les deux peuples, en venir aux mains dans un combat solennel dont le territoire contesté serait le prix attribué aux vainqueurs. On combattit jusqu'à extinction ; tous les Lacédémoniens étaient morts ou mortellement blessés. Deux Argiens seuls restés debout coururent à Argos annoncer la victoire. Mais un Lacédémonien nommé Othryades, blessé et qui n'avait plus qu'un souffle de vie, se soulevant sur le champ de bataille ensanglanté et se voyant seul, eut encore assez de force pour dépouiller un vaincu, dresser un trophée, témoignage sacré que les autres avaient oublié, et sur le bouclier il écrivit de son sang : La victoire est aux Lacédémoniens ! Puis il expira. Quand les Argiens revinrent, ils trouvèrent le trophée debout, l'inscription encore fumante et Othryades qui rendait l'âme à côté, mais la religion défendait de renverser un trophée, et la victoire était acquise et consacrée. Les poëtes ont chanté ce magnifique effet de la force du cœur et Simonide a écrit pour les Spartiates une épitaphe triomphante :

« Nous les trois cents qui avons, ô Sparte notre mère, combattu pour Thyré contre un pareil nombre d'Argiens, sans tourner la tête, là où nous avions marqué le pied, nous avons laissé la vie. Mais ce trophée couvert du sang généreux d'Othryades proclame que Thyré est aux Lacédémoniens. Si quelqu'un des Argiens a échappé à son destin, c'est qu'il a fui. Pour Sparte, ce n'est pas de mourir, c'est de fuir qui est proprement la mort. »

Messieurs, comme autrefois Sparte et Argos, le catholicisme et la révolution sont aux prises ; mais ce n'est pas la possession d'une ville ou d'un territoire qui les divise : il s'agit de savoir à qui sera la France et je ne veux pas dire la terre de France, ses villes, ses rivières, ses vallées et ses montagnes, mais ce qui est bien plus proprement elle-même, à qui sera l'âme de la France et le cœur de ses enfants. (*Applaudissements.*)

La lutte est acharnée, parce que le prix en est grand, parce qu'il y a dans cette âme de notre France une incomparable vertu d'apostolat qui ne lui permet pas, lorsqu'une idée l'a subjuguée, d'en garder le secret et qui l'entraîne au delà de ses frontières, au delà des mers et jusqu'aux extrémités du monde pour y porter, avec une égale ardeur, l'erreur ou la vérité, parce qu'il y a d'un côté le nom de Clovis, le grand souffle des Croisades et l'Évangile annoncé par toute la terre, et de l'autre côté le nom de Voltaire, la tempête de 89 et la révolution déchaînée dans toute l'Europe ! et parce que c'est ainsi, sur ce champ de bataille de la France, un combat décisif où se joue, avec la destinée d'une nation, l'avenir d'une idée.

Messieurs, nous devons être, parmi les catholiques, et pardonnez-moi cette ambition, nous devons être comme ces trois cents Lacédémoniens que Sparte avait, pour son service, dévoués à un combat sans merci. Comme eux, nous lutterons pour l'Église notre mère sans tourner la tête, et, s'il le faut, là où nous aurons marqué le pied, nous laisserons aussi la vie, estimant que pour des hommes de cœur, ce n'est pas de mourir, c'est de fuir, qui est proprement la mort. Mais dussions-nous être un moment vaincus en apparence, avant de succomber, nous saurons, comme Othryades, laissant nos adversaires célébrer leur victoire d'un jour, planter au cœur de la patrie, comme un impérissable témoignage de ses destins immortels, une croix triomphante qui apprendra au monde à travers les âges que la France est à Jésus-Christ. (*Bravos et applaudissements prolongés.*)

PARIS. — TYPOGRAPHIE LAHURE
Rue de Fleurus, 9

PARIS. — TYPOGRAPHIE LAHURE

Rue de Fleurus, 9

www.ingramcontent.com/pod-product-compliance
Lightning Source LLC
Chambersburg PA
CBHW061445050726
47593CB00004B/1479